17
- seventeen 【セヴンティーン】
- dix-sept 【ディ セット】
- diecisiete 【ディエスィスィエテ】
- 十七 【シー チー】
- 십칠 【シプ チル】

18
- eighteen 【エイティーン】
- dix-huit 【ディズ イット】
- dieciocho 【ディエスィオチョ】
- 十八 【シー バー】
- 십팔 【シプ パル】

19
- nineteen 【ナインティーン】
- dix-neuf 【ディズ ヌフ】
- diecinueve 【ディエスィヌエベ】
- 十九 【シー ジウ】
- 십구 【シプ ク】

20
- twenty
- veinte 【ベインテ】
- 二十 【アル シー】
- 이십 【イ シッ】

30
- thirty 【サーティ】
- trente 【トラント】
- treinta 【トゥレインタ】
- 三十 【サン シー】
- 삼십 【サム シッ】

40
- forty 【フォーティ】
- quarante 【キャラント】
- cuarenta 【クワレンタ】
- 四十 【スー シー】
- 사십 【サ シッ】

50
- fifty 【フィフティ】
- cinquante 【サンカント】
- cincuenta 【スィンクエンタ】
- 五十 【ウー シー】
- 오십 【オ シッ】

60
- sixty 【シクスティ】
- soixante 【スワサント】
- sesenta 【セセンタ】
- 六十 【リウ シー】
- 육십 【ユッ シッ】

70
- seventy 【セヴンティ】
- soixante-dix 【スワサント ディス】
- setenta 【セテンタ】
- 七十 【チー シー】
- 칠십 【チル シッ】

80
- eighty 【エイティ】
- quatre-vingts 【キャトル ヴァン】
- ochenta 【オチェンタ】
- 八十 【バー シー】
- 팔십 【パル シッ】

90
- ninety 【ナインティ】
- quatre-vingt-dix 【キャトル ヴァン ディス】
- noventa 【ノベンタ】
- 九十 【ジウ シー】
- 구십 【ク シッ】

100
- hundred 【ハンドゥレド】
- cent 【サン】
- cien 【スィエン】
- 百 【バイ】
- 백 【ペッ】

1000
- thousand 【サウザンド】
- mille 【ミル】
- mil 【ミル】
- 千 【チエン】
- 천 【チョン】

10000
- ten thousand 【テン サウザンド】
- dix mille 【ディ ミル】
- diez mil 【ディエス ミル】
- 万 【ワン】
- 만 【マン】

0
- zero 【ズィロウ】
- zero 【ゼロ】
- cero 【セロ】
- 零 【リン】
- 영 【ヨン】

1番目
- first 【ファースト】
- premier / première 【プルミエ / プルミエール】
- primero 【プリメロ】
- 第一 【ディー イー】
- 첫째 【チョッ チェ】

2番目
- second 【セカンド】
- deuxième 【ドゥズィエム】
- segundo 【セグンド】
- 第二 【ディー アル】
- 둘째 【トゥルッ チェ】

3番目
- third 【サード】
- troisième 【トロワズィエム】
- tercero 【テルセロ】
- 第三 【ディー サン】
- 셋째 【セッ チェ】

動作・位置・方向 などを表すことば

見る

🇬🇧	【スィー】 see
🇫🇷	【ヴワール】 voir
🇪🇸	【ベル】 ver
🇨🇳	【カン】 看
🇰🇷	【ボ ダ】 보다

曲がる

🇬🇧	【ターン】 turn
🇫🇷	【トゥルネ】 tourner
🇪🇸	【ヒラル】 girar
🇨🇳	【グワイ】 拐
🇰🇷	【トル ダ】 돌다

歩く

🇬🇧	【ウォーク】 walk
🇫🇷	【マルシェ】 marcher
🇪🇸	【カミナル】 caminar
🇨🇳	【ゾウ】 走
🇰🇷	【コッタ】 걷다

下へ

🇬🇧	【ダウン】 down
🇫🇷	【アン バ】 en bas
🇪🇸	【アバホ】 abajo
🇨🇳	【ワン シア】 往下
🇰🇷	【ア レ ロ】 아래로

左

🇬🇧	【レフト】 left
🇫🇷	【ゴーシュ】 gauche
🇪🇸	【イスキエルド／イスキエルダ】 izquierdo/izquierda
🇨🇳	【ズオ】 左
🇰🇷	【ウェン チョク】 왼쪽

右

🇬🇧	【ライト】 right
🇫🇷	【ドロワトゥ】 droite
🇪🇸	【デレチョ／デレチャ】 derecho/derecha
🇨🇳	【ヨウ】 右
🇰🇷	【オ ルン チョク】 오른쪽

まっすぐに

🇬🇧	【ストゥレイト】 straight
🇫🇷	【トゥー ドロワ】 tout droit
🇪🇸	【レクト】 recto
🇨🇳	【ジー】 直
🇰🇷	【トッ パ ロ】 똑바로

上へ

🇬🇧	【アプ】 up
🇫🇷	【アン オ】 en haut
🇪🇸	【アリバ】 arriba
🇨🇳	【ワン シャン】 往上
🇰🇷	【ウィ ロ】 위로

側

🇬🇧	【サイド】 side
🇫🇷	【コテ】 côté
🇪🇸	【ラド】 lado
🇨🇳	【ビエン】 边
🇰🇷	【チュク】 측

東

🇬🇧	【イースト】 east
🇫🇷	【エスト】 est
🇪🇸	【エステ】 este
🇨🇳	【ドン】 东
🇰🇷	【トン】 동

西

🇬🇧	【ウェスト】 west
🇫🇷	【ウェスト】 ouest
🇪🇸	【オエステ】 oeste
🇨🇳	【シー】 西
🇰🇷	【ソ】 서

南

🇬🇧	【サウス】 south
🇫🇷	【スュード】 sud
🇪🇸	【スル】 sur
🇨🇳	【ナン】 南
🇰🇷	【ナム】 남

北

🇬🇧	【ノース】 north
🇫🇷	【ノール】 nord
🇪🇸	【ノルテ】 norte
🇨🇳	【ベイ】 北
🇰🇷	【ブク】 북

前

🇬🇧	【フロント】 front
🇫🇷	【ドゥヴァン】 devant
🇪🇸	【フレンテ】 frente
🇨🇳	【チエン】 前
🇰🇷	【アプ】 앞

後ろ

🇬🇧	【バック】 back
🇫🇷	【デリエール】 derrière
🇪🇸	【エスパルダ】 espalda
🇨🇳	【ホウ】 后
🇰🇷	【トゥイ】 뒤

遠い

🇬🇧	【ファー】 far
🇫🇷	【ルワン】 loin
🇪🇸	【レホス】 lejos
🇨🇳	【ユエン】 远
🇰🇷	【モル ダ】 멀다

近い

🇬🇧	【ニア】 near
🇫🇷	【プローシュ】 proche
🇪🇸	【セルカ】 cerca
🇨🇳	【ジン】 近
🇰🇷	【カッ カブ タ】 가깝다

スペイン語には、つく言葉によってちがう言い方になる単語があります。

5か国語で おもてなし

交通・施設編

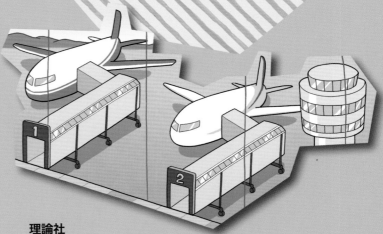

理論社

　もし、あなたが外国に行ったときに、その国の人から日本語で話しかけられたら、きっとうれしくなると思いませんか？

　このシリーズでは、くらしのいろいろなシーンをイラストにして、そこに出てくることばを、英語・フランス語・スペイン語・中国語・韓国語の5か国語でしょうかいしています。そしてこの巻では、交通や公共の施設などを表すことばを中心に集めました。

　ぜひ、日本に来た外国の人に、その人の国のことばで話しかけてあげてください。単語だけでもじゅうぶん、コミュニケーションはできますし、"おもてなし"にもなりますよ！

★ この本の見かた

> イラストに、日本語と番号をしるしています。

> このページでは、身近な道のようすなどを表しています。

> 交通に関するいろいろなことばもしょうかいしています。

> 道で見られるもの、乗り物などを、5か国語でしょうかいしています。

次のページ

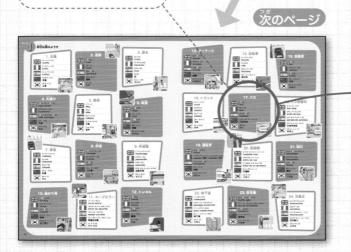

> それぞれの言語のつづりと発音のしかたを、国旗とともにしょうかいしています。

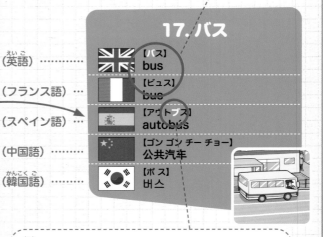

17. バス

（英語）	【バス】 bus
（フランス語）	【ビュス】 bus
（スペイン語）	【アウトブス】 autobus
（中国語）	【ゴンゴンチーチョー】 公共汽車
（韓国語）	【ボス】 버스

> 最も強く読む音（アクセント）は色を変えています。

もくじ

12 トンネル

14 自転車

6 坂道

13 アーケード

18 バス停留所

5 路地

19 運転手

17 バス

21 街灯

8 歩道

22 地下道

15 自動車

5

身近な道のようす

1. 交通

🇬🇧	【トゥラフィク】 traffic
🇫🇷	【トラフィーク】 trafic
🇪🇸	【トゥラフィコ】 tráfico
🇨🇳	【ジアオ トン】 交通
🇰🇷	【キョトン】 교통

2. 道路

🇬🇧	【ロウド】 road
🇫🇷	【ルート】 route
🇪🇸	【カレテラ】 carretera
🇨🇳	【ダオ ルー】 道路
🇰🇷	【ト ロ】 도로

3. 渡る

🇬🇧	【クロス】 cross
🇫🇷	【トラヴェルセ】 traverser
🇪🇸	【クルサル】 cruzar
🇨🇳	【グオ】 过
🇰🇷	【コン ノ ダ】 건너다

4. 大通り

🇬🇧	【メイン ストゥリート】 main street
🇫🇷	【ブルヴァール】 boulevard
🇪🇸	【カイェ プリンスィパル】 calle principal
🇨🇳	【ダー ジエ】 大街
🇰🇷	【クン ギル】 큰길

5. 路地

🇬🇧	【アリィ】 alley
🇫🇷	【アレ】 allée
🇪🇸	【カイェホン】 callejón
🇨🇳	【シアオ シアン】 小巷
🇰🇷	【コル モク】 골목

6. 坂道

🇬🇧	【スロウプ】 slope
🇫🇷	【コートゥ】 côte
🇪🇸	【クエスタ】 cuesta
🇨🇳	【ポー ルー】 坡路
🇰🇷	【オン ドッ キル】 언덕길

7. 車道

🇬🇧	【ロウドゥウェイ】 roadway
🇫🇷	【ショセ】 chaussée
🇪🇸	【カルサダ】 calzada
🇨🇳	【チョー ダオ】 车道
🇰🇷	【チャ ド】 차도

8. 歩道

🇬🇧	【サイドゥウォーク】 sidewalk
🇫🇷	【トゥロトワール】 trottoir
🇪🇸	【アセラ】 acera
🇨🇳	【レン シン ダオ】 人行道
🇰🇷	【インド】 인도

9. 歩道橋

🇬🇧	【フットゥブリッジ】 footbridge
🇫🇷	【パスレール】 passerelle
🇪🇸	【パサレラ】 pasarela
🇨🇳	【グオ ジエ ティエン チアオ】 过街天桥
🇰🇷	【ポ ド キョ】 보도교

10. 曲がり角

🇬🇧	【タァニング】 turning
🇫🇷	【ヴィラージュ】 virage
🇪🇸	【エスキナ】 esquina
🇨🇳	【グウイ ワン】 拐弯
🇰🇷	【キル モ トゥン イ】 길모퉁이

11. カーブミラー

🇬🇧	【カーヴ ミラァ】 curve mirror
🇫🇷	【ミロワール ドゥ セキュリテ】 miroir de sécurité
🇪🇸	【エスペホ クルバド】 espejo curvado
🇨🇳	【ワン ダオ ファン グアン ジン】 弯道反光镜
🇰🇷	【コブ ミロ】 커브 미러

12. トンネル

🇬🇧	【タヌル】 tunnel
🇫🇷	【テュネル】 tunnel
🇪🇸	【トゥネル】 túnel
🇨🇳	【スイ ダオ】 隧道
🇰🇷	【トノル】 터널

13. アーケード

 【アーケイド】
arcade

 【アルカード】
arcades

 【アルカダ】
arcada

 【ゴン ラン】
拱廊

【アケイドゥ】
아케이드

14. 自転車

 【バイスィクル】
bicycle

 【ヴェロ】
vélo

 【ビスィクレタ】
bicicleta

 【ズー シン チョー】
自行车

【チャ ジョン ゴ】
자전거

15. 自動車

 【カー】
car

 【ヴワテュール】
voiture

【コチェ】
coche

 【チー チョー】
汽车

【チャ ドン チャ】
자동차

16. トラック

 【トゥラック】
truck

 【カミオン】
camion

 【カミオン】
camión

 【カー チョー】
卡车

 【トゥ ロク】
트럭

17. バス

 【バス】
bus

 【ビュス】
bus

 【アウトブス】
autobús

【ゴンゴン チー チョー】
公共汽车

 【ボス】
버스

18. バス停留所

 【バス ストップ】
bus stop

【アレ ドゥ ビュス】
arrêt de bus

 【パラダ デ アウトブス】
parada de autobús

 【ゴンゴンチーチョージャン】
公共汽车站

 【チョン ニュ ソ】
정류소

19. 運転手

 【ドゥライヴァ】
driver

 【コンデュクトゥール / コンデュクトゥリス】
conducteur（男性）/ conductrice（女性）

 【コンドゥクトル / コンドゥクトラ】
conductor（男性）/ conductora（女性）

 【スー ジー】
司机

 【ウン ジョン サ】
운전사

20. 街路樹

 【ロウドゥサイドゥ トゥリィ】
roadside tree

 【アルブル ドゥ リュ】
arbre de rue

 【アルボル デ ラ カレテラ】
árbol de la carretera

 【シン ダオ シュー】
行道树

 【カ ロス】
가로수

21. 街灯

 【ストゥリートゥライト】
streetlight

 【ロンパデール】
lampadaire

 【ファロラ】
farola

 【ルー ドン】
路灯

 【カ ロ ドゥン】
가로등

22. 地下道

 【アンダァパス】
underpass

 【パサージュ スウテラン】
passage souterrain

【パソ スプテラネオ】
paso subterráneo

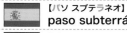

 【ディー シア トン ダオ】
地下通道

【チ ハ ド】
지하도

23. 信号機

 【トゥラフィク ライト】
traffic light

 【フードゥ スィルキュラスィオン】
feu de circulation

 【セマフォロ】
semáforo

【シン ハオ ドン】
信号灯

【シノ ドゥン】
신호등

24. 交差点

 【インタセクション】
intersection

 【カルフール】
carrefour

 【インテルセクスィオン】
intersección

【ジアオ チャー ルー コウ】
交叉路口

 【キョ チャ ロ】
교차로

【シーン】2 駅と街のようす

14 発車（はっしゃ）
6 路線図（ろせんず）
5 時刻表（じこくひょう）
12 乗客（じょうきゃく）
18 乗り換える（のりかえる）
10 ホーム
16 線路（せんろ）
1 駅（えき）
22 コインロッカー
17 踏切（ふみきり）
3 タクシー

駅と街のようす

1. 駅

🇬🇧	【ステイション】 station
🇫🇷	【ガール】 gare
🇪🇸	【エスタスィオン】 estación
🇨🇳	【チョー ジャン】 车站
🇰🇷	【ヨク】 역

2. ロータリー

🇬🇧	【ロウタリィ】 rotary
🇫🇷	【パルヴィ ドゥ ガール】 parvis de gare
🇪🇸	【ロトンダ】 rotonda
🇨🇳	【ジュワン パン】 转盘
🇰🇷	【ロ ト リ】 로터리

3. タクシー

🇬🇧	【タクスィ】 taxi
🇫🇷	【タクスィー】 taxi
🇪🇸	【タクスィ】 taxi
🇨🇳	【チューズーチョー】 出租车
🇰🇷	【テクッ シ】 택시

4. バスターミナル

🇬🇧	【バス ターミヌル】 bus terminal
🇫🇷	【テルミナル ドゥ ビュス】 terminal de bus
🇪🇸	【テルミナル デ アウトブセス】 terminal de autobuses
🇨🇳	【ゴンゴン チー チョー ジョン ディエン ジャン】 公共汽车终点站
🇰🇷	【ボストミノル】 버스터미널

5. 時刻表

🇬🇧	【タイム テイブル】 time table
🇫🇷	【オレール】 horaire
🇪🇸	【オラリオ】 horario
🇨🇳	【シー コー ピアオ】 时刻表
🇰🇷	【シ ガク ピョ】 시각표

6. 路線図

🇬🇧	【ルート マップ】 route map
🇫🇷	【プラン デュ レゾー】 plan du réseau
🇪🇸	【マパ デ ルタス】 mapa de rutas
🇨🇳	【シエン ルー トゥー】 线路图
🇰🇷	【ノ ソン ド】 노선도

7. 券売機

🇬🇧	【ティケト マシーン】 ticket machine
🇫🇷	【ギシェ】 guichet
🇪🇸	【ディスペンサドラ デ ボレトス】 dispensadora de boletos
🇨🇳	【ショウ ピアオ ジー】 售票机
🇰🇷	【メ ピョ ギ】 매표기

8. 切符

🇬🇧	【ティケト】 ticket
🇫🇷	【ビィェ】 billet
🇪🇸	【ボレト】 boleto
🇨🇳	【チョー ピアオ】 车票
🇰🇷	【ピョ】 표

9. 改札口

🇬🇧	【ティケト ゲイト】 ticket gate
🇫🇷	【ポルティック】 portique
🇪🇸	【プエルタ デ エントゥラダ】 puerta de entrada
🇨🇳	【ジエン ピヤオ コウ】 检票口
🇰🇷	【ケ チャル グ】 개찰구

10. ホーム

🇬🇧	【プラトゥフォーム】 platform
🇫🇷	【ケ】 quai
🇪🇸	【プラタフォルマ】 plataforma
🇨🇳	【ジャン タイ】 站台
🇰🇷	【タ ヌン ゴッ】 타는 곳

11. 電車

🇬🇧	【トゥレイン】 train
🇫🇷	【トラン】 train
🇪🇸	【トゥレン】 tren
🇨🇳	【フオ チョー】 火车
🇰🇷	【キ チャ】 기차

12. 乗客

🇬🇧	【パセンジァ】 passenger
🇫🇷	【パサジェ】 passager
🇪🇸	【パサヘロ】 pasajero
🇨🇳	【チョン コー】 乘客
🇰🇷	【スン ゲク】 승객

13. 1番線（ばんせん）

🇬🇧	【プラトゥフォーム ワン】 Platform 1
🇫🇷	【ヴワ ユヌ】 voie 1
🇪🇸	【プラタフォルマ ウノ】 Plataforma 1
🇨🇳	【イー ハオ ジャン タイ】 1号站台
🇰🇷	【イルボン プル レッ ポム】 1번 플랫폼

14. 発車（はっしゃ）

🇬🇧	【ディパーチァ】 departure
🇫🇷	【デパール】 départ
🇪🇸	【サリダ】 salida
🇨🇳	【ファー チョー】 发车
🇰🇷	【パル チャ】 발차

15. アナウンス

🇬🇧	【アナウンスメント】 announcement
🇫🇷	【アノンス】 annonce
🇪🇸	【アヌンスィオ】 anuncio
🇨🇳	【グアン ボー】 广播
🇰🇷	【アン ネ バン ソン】 안내 방송

16. 線路（せんろ）

🇬🇧	【トゥラック】 track
🇫🇷	【ヴワ フェレ】 voie ferrée
🇪🇸	【ビア フェレア】 vía férrea
🇨🇳	【ティエ グイ】 铁轨
🇰🇷	【ソル ロ】 선로

17. 踏切（ふみきり）

🇬🇧	【レイルロウド クロスィング】 railroad crossing
🇫🇷	【パサージュ ア ニヴォー】 passage à niveau
🇪🇸	【パソ ア ニベル】 paso a nivel
🇨🇳	【ティエ ルー ダオ コウ】 铁路道口
🇰🇷	【コン ノル モク】 건널목

18. 乗り換える（のりかえる）

🇬🇧	【トゥランスファー】 transfer
🇫🇷	【シャンジェ】 changer
🇪🇸	【トゥランスフェリル】 transferir
🇨🇳	【ジョン ジュワン】 中转
🇰🇷	【カラ タダ】 갈아타다

19. 乗る（のる）

🇬🇧	【ゲット オン】 get on
🇫🇷	【モンテ】 monter
🇪🇸	【スビル】 subir
🇨🇳	【チョン チョー】 乘车
🇰🇷	【タ ダ】 타다

20. 降りる（おりる）

🇬🇧	【ゲット オフ】 get off
🇫🇷	【デサンドル】 descendre
🇪🇸	【バハルセ】 bajarse
🇨🇳	【シア チョー】 下车
🇰🇷	【ネリダ】 내리다

21. 駅員（えきいん）

🇬🇧	【ステイション スタフ】 station staff
🇫🇷	【アンプルワイェ ドゥ ガール】 employé de gare
🇪🇸	【ペルソナル デラ エスタスィオン】 personal de la estación
🇨🇳	【チョー ジャン ゴンズ オ レン ユエン】 车站工作人员
🇰🇷	【ヨン ム ウォン】 역무원

22. コインロッカー

🇬🇧	【コイン ロッカァ】 coin locker
🇫🇷	【コンシーニュ オトマティーク】 consigne automatique
🇪🇸	【カスィイエロ デ モネダス】 casillero de monedas
🇨🇳	【トウ ビー シー ジー ツン グイ】 投币式寄存柜
🇰🇷	【コイン ロコ】 코인 로커

23. 遺失物取扱所（いしつぶつとりあつかいじょ）

🇬🇧	【ロスト アンド ファウンド オフィス】 lost and found office
🇫🇷	【ビュロー デ オブジェ トロヴェ】 bureau des objets trouvés
🇪🇸	【オフィスィナ デ オブヘトス ペルディドス】 oficina de objetos perdidos
🇨🇳	【シー ウー ジャオ リン チュー】 失物招领处
🇰🇷	【ユ シル ムル チュイ グブ ソ】 유실물취급소

24. 待合室（まちあいしつ）

🇬🇧	【ウェイティング ルーム】 waiting room
🇫🇷	【サル ダタント】 salle d'attente
🇪🇸	【サラ デ エスペラ】 sala de espera
🇨🇳	【ホウ チョー シー】 候车室
🇰🇷	【テ ハプ シル】 대합실

交通のルール

18 身障者用設備

3 青信号

4 赤信号

17 歩行者

1 安全

19 停止線

2 ルール

24 点字ブロック（警告）

6 注意

23 点字ブロック（誘導）

12 危険

9 横断禁止

14 通行止め

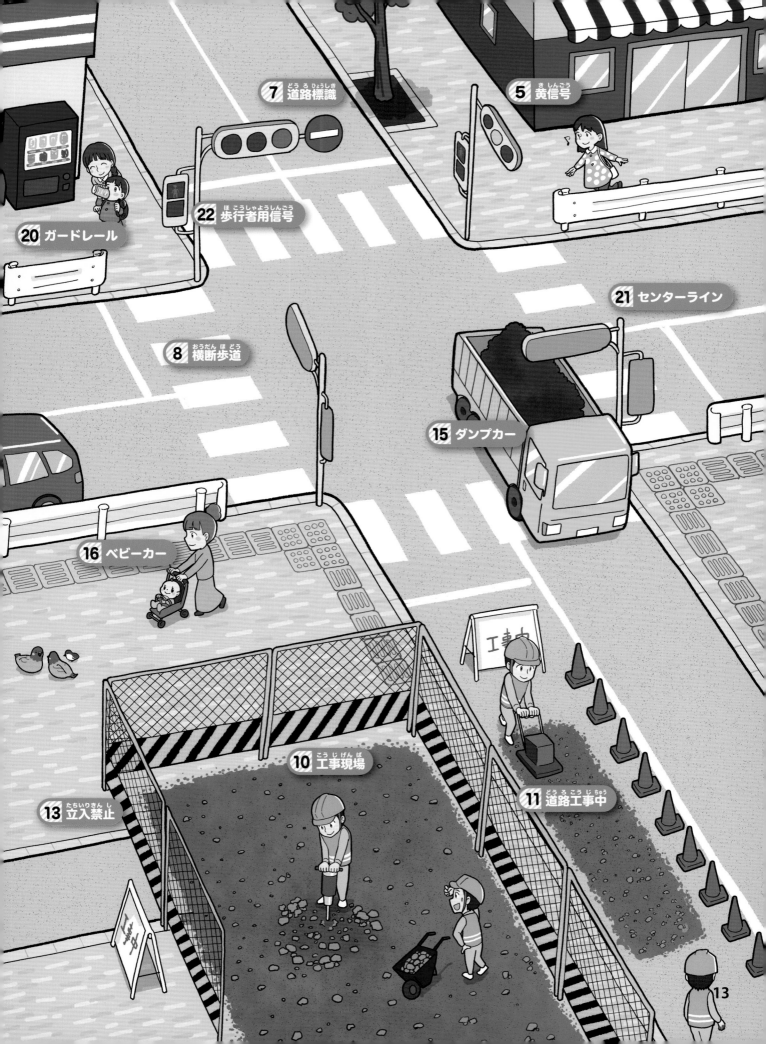

7 道路標識

5 黄信号

22 歩行者用信号

20 ガードレール

21 センターライン

8 横断歩道

15 ダンプカー

16 ベビーカー

工事中

10 工事現場

13 立入禁止

11 道路工事中

13

交通のルール

1. 安全

- 【セイフティ】
  safety
- 【セキュリテ】
  sécurité
- 【セグリダ】
  seguridad
- 【アン チュエン】
  安全
- 【アン ジョン】
  안전

2. ルール

- 【ルール】
  rule
- 【レーグル】
  règle
- 【レグラス】
  reglas
- 【グイ ゾー】
  规则
- 【ルル】
  룰

3. 青信号

- 【グリーン トゥラフィク ライト】
  green traffic light
- 【フー ヴェール】
  feu vert
- 【セマフォロ ベルデ】
  semáforo verde
- 【リュー ドン】
  绿灯
- 【パ ラン ブル】
  파란불

4. 赤信号

- 【レッド トゥラフィク ライト】
  red traffic light
- 【フー ルージュ】
  feu rouge
- 【セマフォロ ロホ】
  semáforo rojo
- 【ホン ドン】
  红灯
- 【パル ガン ブル】
  빨간불

5. 黄信号

- 【イェロウ トゥラフィク ライト】
  yellow traffic light
- 【フー オランジュ】
  feu orange
- 【セマフォロ アマリヨ】
  semáforo amarillo
- 【ホアン ドン】
  黄灯
- 【ノ ラン ブル】
  노란불

6. 注意

- 【アテンション】
  attention
- 【アタンスィオン】
  attention
- 【アテンスィオン】
  atención
- 【ジュー イー】
  注意
- 【チュ イ】
  주의

7. 道路標識

- 【ロウド サイン】
  road sign
- 【パノードゥ スィニャリザスィオン ルーティエール】
  panneau de signalisation routière
- 【ロ トゥロ デ トゥラフィコ】
  rótulo de tráfico
- 【ジアオ トン ビアオ ジー】
  交通标志
- 【ト ロ ピョ ジ】
  도로표지

8. 横断歩道

- 【ペデストゥリアン クロスィング】
  pedestrian crossing
- 【パサージュ ピエトン】
  passage piéton
- 【パソ デ ペアトネス】
  paso de peatones
- 【レン シン ホン ダオ】
  人行横道
- 【フェン ダン ボ ド】
  횡단보도

9. 横断禁止

- 【ノウ クロスィング】
  no crossing
- 【アンテルディクスィオン ドゥ トラヴェルセ】
  interdiction de traverser
- 【ノ クルサル】
  no cruzar
- 【ジン ジー ホン チュワン マー ルー】
  禁止横穿马路
- 【フェン ダン グム ジ】
  횡단금지

10. 工事現場

- 【コンストゥラクション サイト】
  construction site
- 【シャンチエ ドゥ コンストゥリュクスィオン】
  chantier de construction
- 【ソナ エン コンストゥルクスィオン】
  zona en construcción
- 【ゴン ディー】
  工地
- 【コン サ ジャン】
  공사장

11. 道路工事中

- 【ロウドワークス】
  roadworks
- 【トラヴォー】
  travaux
- 【カレテラス エン コンストゥルクスィオン】
  carreteras en construcción
- 【チエン ファン シー ゴン】
  前方施工
- 【ト ロ ゴン サ ジュン】
  도로 공사중

12. 危険

- 【デインジァ】
  danger
- 【ダンジェ】
  danger
- 【ペリグロ】
  peligro
- 【ウェイ シエン】
  危险
- 【ウィ ホム】
  위험

13. 立入禁止 (たちいりきんし)

 【キープ アウト】
keep out

 【アントレ アンテルディ】
entrée interdite

 【プロイビド エル パソ】
prohibido el paso

 【ジン ジー ルー ネイ】
禁止入内

 【チュ リ ックムジ】
出入 금지

14. 通行止め (つうこうどめ)

 【ロウド クロウズド】
road closed

 【ルート バレ】
route barrée

 【カミノ セラド】
camino cerrado

 【ジン ジー トン シン】
禁止通行

 【トン ヘン グムジ】
통행금지

15. ダンプカー

 【ダンプ トゥラック】
dump truck

 【カミオン ベーヌ】
camion-benne

 【ボルケテ】
volquete

 【ファン ドゥ チー チョー】
翻斗汽车

【トンプ トゥ ロク】
덤프트럭

16. ベビーカー

 【ストゥロウラァ】
stroller

 【プウセット】
poussette

 【コチェスィト】
cochecito

 【イン アル チョー】
婴儿车

 【ユ モ チャ】
유모차

17. 歩行者 (ほこうしゃ)

 【ペデストゥリアン】
pedestrian

 【ピエトン】
piéton

 【ペアトン】
peatón

 【シン レン】
行人

 【ポ ヘン ジャ】
보행자

18. 身障者用設備 (しんしょうしゃようせつび)

 【ディセイブルド アクセス アンド ファスィリティズ】
disabled access and facilities

 【アクセ アンディキャペ】
accès handicapé

 【パラ ディスカパスィタドス】
para discapacitados

 【ウージャン アイ ショー シー】
无障碍设施

 【チャン エ イン ヨン シソル】
장애인용 시설

19. 停止線 (ていしせん)

 【ストップ ライン】
stop line

 【リーニュ ダレ】
ligne d'arrêt

 【リネア デ パラダ】
línea de parada

 【ティン チョー シエン】
停车线

【チョン ジ ソン】
정지선

20. ガードレール

 【ガードレイル】
guardrail

 【グリシエール ドゥ セキュリテ】
glissière de sécurité

 【バランディヤ】
barandilla

 【フー ラン】
护栏

 【カドゥ レイル】
가드레일

21. センターライン

 【センタァ ライン】
center line

 【リーニュ メディアーヌ】
ligne médiane

 【リネア セントゥラル】
línea central

 【ダオ ルー ジョン シン シエン】
道路中心线

【チュン アン ソン】
중앙선

22. 歩行者用信号 (ほこうしゃようしんごう)

 【ペデストゥリアン スィグナル】
pedestrian signal

 【フー プール ピエトン】
feu pour piétons

 【セマフォロ ペアトナル】
semáforo peatonal

【シン レン ジアオ トン ドン】
行人交通灯

【ポ ヘン ジャ ヨン シノ】
보행자용 신호

23. 点字ブロック（誘導）(てんじ)(ゆうどう)

 【ブライユ ブロック（リーディング）】
Braille block (leading)

 【ブロック ブライユ（ギィド）】
bloc Braille（guide）

 【ブロケ ブライレ（リデル）】
bloque Braille（líder）

【マン ウェン クワイ（イン ダオ）】
盲文块（引导）

【チョム チャ ブル ロク（ユド）】
점자블록（유도）

24. 点字ブロック（警告）(てんじ)(けいこく)

 【ブライユ ブロック（ウォーニング）】
Braille block (warning)

 【ブロック ブライユ（アヴェルティスモン）】
bloc Braille（avertissement）

 【ブロケ ブライレ（アビソ）】
bloque Braille（aviso）

【マン ウェン クワイ（ジン ガオ）】
盲文块（警告）

【チョム チャ ブル ロク（キョンゴ）】
점자블록（경고）

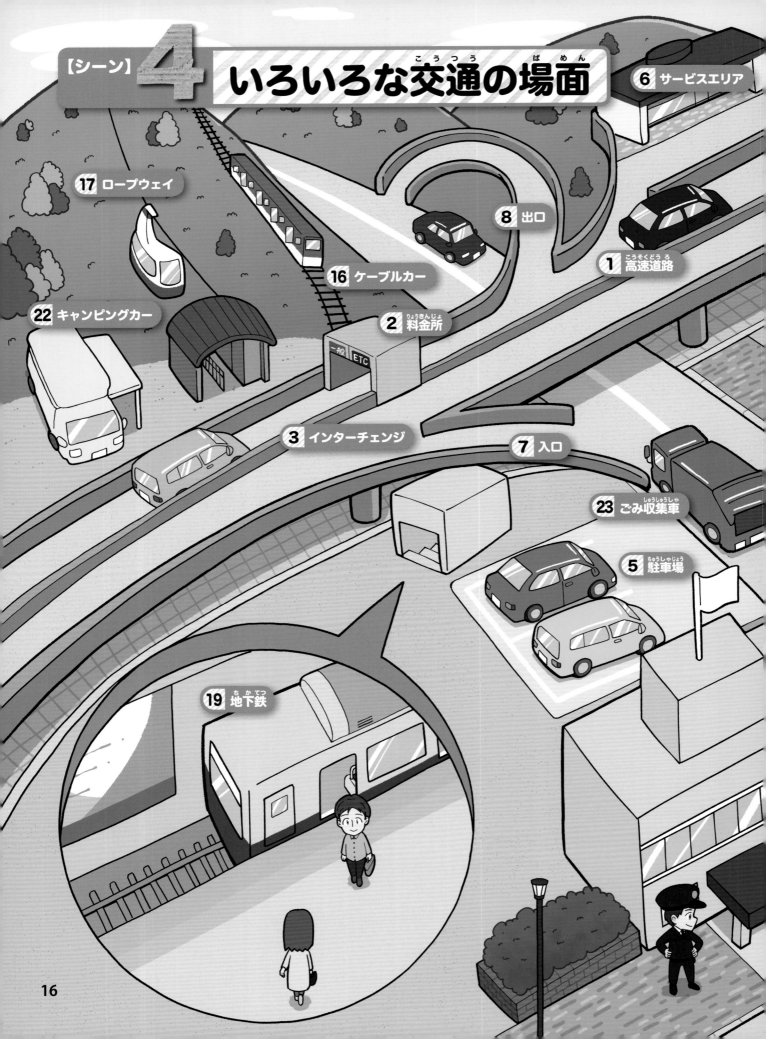

【シーン】4 いろいろな交通の場面

6 サービスエリア

17 ロープウェイ

8 出口

16 ケーブルカー

1 高速道路

22 キャンピングカー

2 料金所

一般　ETC

3 インターチェンジ

7 入口

23 ごみ収集車

5 駐車場

19 地下鉄

4 緊急電話（きんきゅうでんわ）

18 ヘリコプター

9 病院（びょういん）

11 消防署（しょうぼうしょ）

10 救急車（きゅうきゅうしゃ）

12 消防車（しょうぼうしゃ）

15 サイレン

13 警察署（けいさつしょ）

14 パトカー

24 レンタカー

20 オートバイ

21 スクーター

RENTAL

POLECE

POLECE

17

1. 高速道路 (こうそくどうろ)

- 【ハイウェイ】 highway
- 【オトルート】 autoroute
- 【アウトピスタ】 autopista
- 【ガオ スーゴン ルー】 高速公路
- 【コ ソクット ロ】 고속도로

2. 料金所 (りょうきんじょ)

- 【トゥルゲイト】 tollgate
- 【ペアジュ】 péage
- 【ペアヘ】 peaje
- 【ショウ フェイ チュー】 收费处
- 【ヨ グムソ】 요금소

3. インターチェンジ

- 【インタチェインジ】 interchange
- 【エシャンジェール】 échangeur
- 【エンラセ ビアリオ】 enlace viario
- 【ガオ スーゴン ルー チュール ルー コウ】 高速公路出入口
- 【イント チェインジ】 인터체인지

4. 緊急電話 (きんきゅうでんわ)

- 【イマージェンスィ コール】 emergency call
- 【アペル デュルジャンス】 appel d'urgence
- 【ヤマダ デ エメルヘンスィア】 llamada de emergencia
- 【ジン ジー ディエン ホワ】 紧急电话
- 【キング ブ チョン ファ】 긴급 전화

5. 駐車場 (ちゅうしゃじょう)

- 【パーキング】 parking
- 【パルキング】 parking
- 【エスタスィオナミエント】 estacionamiento
- 【ティン チョー チャン】 停车场
- 【チュ チャ ジャン】 주차장

6. サービスエリア

- 【サーヴィス エリア】 service area
- 【エール ドゥ セルヴィス】 aire de services
- 【アレア デ セルビスィオ】 área de servicio
- 【ガオ スーゴン ルー フー ウー チュー】 高速公路服务区
- 【ヒュ ゲソ】 휴게소

7. 入口 (いりぐち)

- 【エントゥランス】 entrance
- 【アントレ】 entrée
- 【エントゥラダ】 entrada
- 【ルー コウ】 入口
- 【イブ ク】 입구

8. 出口 (でぐち)

- 【エグズィット】 exit
- 【ソルティー】 sortie
- 【サリダ】 salida
- 【チュー コウ】 出口
- 【チュル グ】 출구

9. 病院 (びょういん)

- 【ホスピトゥル】 hospital
- 【オピタル】 hôpital
- 【オスピタル】 hospital
- 【イー ユエン】 医院
- 【ビョン ウォン】 병원

10. 救急車 (きゅうきゅうしゃ)

- 【アンビュランス】 ambulance
- 【アンビュランス】 ambulance
- 【アンブランスィア】 ambulancia
- 【ジウ フー チョー】 救护车
- 【ク グブ チャ】 구급차

11. 消防署 (しょうぼうしょ)

- 【ファイア ステイション】 fire station
- 【カゼルヌ ドゥ ポンピエ】 caserne de pompiers
- 【エスタスィオン デ ボンベロス】 estación de bomberos
- 【シアオ ファン ドゥイ】 消防队
- 【ソ バン ソ】 소방서

12. 消防車 (しょうぼうしゃ)

- 【ファイア トゥラック】 fire truck
- 【カミオン ドゥ ポンピエ】 camion de pompiers
- 【カロ デ ボンベロス】 carro de bomberos
- 【ジウ フオ チョー】 救火车
- 【ソ バン チャ】 소방차

13. 警察署【けいさつしょ】

- 【ポリース ステイション】 police station
- 【コミサリア ドゥ ポリス】 commissariat de police
- 【エスタスィオン デ ポリスィア】 estación de policía
- 【ゴン アン ジュー】 公安局
- 【キョン チャル ソ】 경찰서

14. パトカー

- 【ポリース カー】 police car
- 【ヴワテュール ドゥ ポリス】 voiture de police
- 【パトゥルヤ】 patrulla
- 【ジン チョー】 警车
- 【スン チャル チャ】 순찰차

15. サイレン

- 【サイレン】 siren
- 【スィレーヌ】 sirène
- 【スィレナ】 sirena
- 【ジン ディー】 警笛
- 【サイ レン】 사이렌

16. ケーブルカー

- 【ケイブル カー】 cable car
- 【フニキュレール】 funiculaire
- 【トゥランビア】 tranvía
- 【ラン チョー】 缆车
- 【ケイブル カ】 케이블카

17. ロープウェイ

- 【ロウプウェイ】 ropeway
- 【テレフェリーク】 téléphérique
- 【テレフェリコ】 teleférico
- 【スオ ダオ】 索道
- 【ロプ ウェイ】 로프웨이

18. ヘリコプター

- 【ヘリコプタァ】 helicopter
- 【エリコプテール】 hélicoptère
- 【エリコプテロ】 helicóptero
- 【ジー ション ジー】 直升机
- 【ヘル ギ】 헬기

19. 地下鉄【ちかてつ】

- 【チューブ / サブウェイ】 tube（英）/ subway（米）
- 【メトロ】 métro
- 【メトゥロ】 metro
- 【ディ ティ エ】 地铁
- 【チ ハ チョル】 지하철

20. オートバイ

- 【モウタサイクル】 motorcycle
- 【モト】 moto
- 【モトスィクレタ】 motocicleta
- 【モー トゥオ チョー】 摩托车
- 【オトバイ】 오토바이

21. スクーター

- 【スクータァ】 scooter
- 【スクーテル】 scooter
- 【エスクテル】 escúter
- 【ター バン チョー】 踏板车
- 【スクト】 스쿠터

22. キャンピングカー

- 【キャンパァ ヴァン】 camper van
- 【カンピン カール】 camping-car
- 【カラバナ】 caravana
- 【ファン チョー】 房车
- 【ケム ピン カ】 캠핑카

23. ごみ収集車【しゅうしゅうしゃ】

- 【ダスト カート / ガービジ ワゴン】 dust cart（英）/garbage wagon（米）
- 【カミオン プベル】 camion poubelle
- 【カミオン デ バスラ】 camión de basura
- 【ラー ジー チョー】 垃圾车
- 【ッス レギ チャ】 쓰레기차

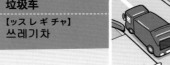

24. レンタカー

- 【ハイァ カー / レントゥル カー】 hire car（英）/rental car（米）
- 【ヴワテュール ドゥ ロカスィオン】 voiture de location
- 【コチェ デ アルキレル】 coche de alquiler
- 【ズー チョー】 租车
- 【レントゥ カ】 렌터카

11 交番

19 橋

24 ガソリンスタンド

23 幼稚園

20 寺院

8 郵便局

9 ポスト

12 キリスト教会

13 図書館

6 動物園

15 小学校

ZOO

KOBA

7 水族館（すいぞくかん）

22 工場

4 市役所（しやくしょ）

18 大学

21 神社（じんじゃ）

10 銀行（ぎんこう）

BANK

5 ホール

1 映画館（えいがかん）

CINEMA

16 中学校

3 美術館（びじゅつかん）

2 劇場（げきじょう）

THEATER

14 老人ホーム（ろうじん）

17 高等学校（こうとうがっこう）

シーン 5 公共の施設いろいろ

1. 映画館
 【スィネマ】 cinema
 【スィネマ】 cinéma
 【スィネ】 cine
 【ディエン イン ユエン】 电影院
 【ヨン ファ グァン】 영화관

2. 劇場
 【スィアタァ】 theater
 【テアートル】 théâtre
 【テアトゥロ】 teatro
 【ジュー ユエン】 剧院
【クッチャン】 극장

3. 美術館
 【アート ギャラリィ】 art gallery
 【ミュゼ】 musée
 【ムセオ】 museo
 【メイ シュー グワン】 美术馆
 【ミ スル グァン】 미술관

4. 市役所
 【スィティ ホール】 city hall
 【メリー】 mairie
 【アユンタミエント】 ayuntamiento
 【シー ジョン フー】 市政府
 【シ チョン】 시청

5. ホール
 【ホール】 hall
 【オール】 hall
 【ベスティブロ】 vestíbulo
 【ティン】 厅
【ホル】 홀

6. 動物園
 【ズー】 zoo
 【ゾー】 zoo
 【ソオ■ヒコ】 zoológico
 【ドン ウー ユエン】 动物园
 【トン ム ロォン】 동물원

7. 水族館
  【アクウェリアム】 aquarium
 【アクワリアム】 aquarium
 【アクワリオ】 acuario
 【シュイ ズー グワン】 水族馆
 【ス ジョク クァン】 수족관

8. 郵便局
 【ポウスト オフィス】 post office
 【ビュロー ドゥ ポスト】 bureau de poste
 【オフィスィナ デ コレオス】 oficina de correos
 【ヨウ ジュー】 邮局
【ウ チェ グク】 우체국

9. ポスト
 【ポウスト】 post
 【ボワット オー レットル】 boîte aux lettres
 【ブソン】 buzón
 【シン シアン】 信箱
 【ウ チェ トン】 우체통

10. 銀行
  【バンク】 bank
【バンク】 banque
 【バンコ】 banco
【イン ハン】 银行
 【ウ ネン】 은행

11. 交番
 【ポリース ボクス】 police box
 【ポスト ドゥ ポリス】 poste de police
【プエスト デ ポリスィア】 puesto de policía
 【パイ チュー スオ】 派出所
 【パチュルソ】 파출소

12. キリスト教会
 【クライスト チャーチ】 Christ church
 【エグリーズ】 église
【イグレスィア】 iglesia
 【ジー ドゥー ジアオ タン】 基督教堂
【キ ドッ キョ フェ】 기독교회

22

13. 図書館【としょかん】

- 🇬🇧 【ライブレリィ】 library
- 🇫🇷 【ビブリヨテーク】 bibliothèque
- 🇪🇸 【ビブリオテカ】 biblioteca
- 🇨🇳 【トゥー シュー グワン】 图书馆
- 🇰🇷 【ト ソ グァン】 도서관

14. 老人ホーム【ろうじん】

- 🇬🇧 【ナースィング ホウム】 nursing home
- 🇫🇷 【メゾン ドゥ ルトレート】 maison de retraite
- 🇪🇸 【オガル デ アンスィアノス】 hogar de ancianos
- 🇨🇳 【ヤン ラオ ユエン】 养老院
- 🇰🇷 【ヤン ノ ウォン】 양로원

15. 小学校

- 🇬🇧 【エレメンタリィ スクール】 elementary school
- 🇫🇷 【エコル プリメール】 école primaire
- 🇪🇸 【エスクエラ プリマリア】 escuela primaria
- 🇨🇳 【シアオ シュエ】 小学
- 🇰🇷 【チョ ドゥン ハッ キョ】 초등학교

16. 中学校

- 🇬🇧 【ジュニア ハイ スクール】 junior high school
- 🇫🇷 【コレージュ】 collège
- 🇪🇸 【エスクエラ セクンダリア】 escuela secundaria
- 🇨🇳 【ジョン シュエ】 中学
- 🇰🇷 【チュン ハッ キョ】 중학교

17. 高等学校【こうとうがっこう】

- 🇬🇧 【ハイ スクール】 high school
- 🇫🇷 【リセ】 lycée
- 🇪🇸 【エスクエラ セクンダリア】 escuela secundaria
- 🇨🇳 【ガオ ジョン】 高中
- 🇰🇷 【コ ドゥン ハッ キョ】 고등학교

18. 大学

- 🇬🇧 【ユーニヴァースィティ】 university
- 🇫🇷 【ユニヴェルスィテ】 université
- 🇪🇸 【ウニベルスィダ】 universidad
- 🇨🇳 【ダー シュエ】 大学
- 🇰🇷 【テ ハク】 대학

19. 橋【はし】

- 🇬🇧 【ブリッジ】 bridge
- 🇫🇷 【ポン】 pont
- 🇪🇸 【プエンテ】 puente
- 🇨🇳 【チアオ】 桥
- 🇰🇷 【タ リ】 다리

20. 寺院【じいん】

- 🇬🇧 【テンプル】 temple
- 🇫🇷 【タンプル】 temple
- 🇪🇸 【テンプロ ブディスタ】 templo budista
- 🇨🇳 【スー ユエン】 寺院
- 🇰🇷 【サ チャル】 사찰

21. 神社【じんじゃ】

- 🇬🇧 【シライン】 shrine
- 🇫🇷 【サンクチュエール】 sanctuaire
- 🇪🇸 【テンプロ スィントイスタ】 templo sintoísta
- 🇨🇳 【シェン ショー】 神社
- 🇰🇷 【シン サ】 신사

22. 工場

- 🇬🇧 【ファクトゥリィ】 factory
- 🇫🇷 【ユズィーヌ】 usine
- 🇪🇸 【ファブリカ】 fábrica
- 🇨🇳 【ゴン チャン】 工厂
- 🇰🇷 【コン ジャン】 공장

23. 幼稚園【ようちえん】

- 🇬🇧 【キンダーガートゥン】 kindergarten
- 🇫🇷 【エコル マテルネール】 école maternelle
- 🇪🇸 【ハルディン デ ニニョス】 jardín de niños
- 🇨🇳 【ヨウ アル ユエン】 幼儿园
- 🇰🇷 【ユ チ ウォン】 유치원

24. ガソリンスタンド

- 🇬🇧 【ペトゥロル ステイション / ギャス ステイション】 petrol station（英）/ gas station（米）
- 🇫🇷 【スタスィオン セルヴィス】 station-service
- 🇪🇸 【ガソリネラ】 gasolinera
- 🇨🇳 【ジア ヨウ ジャン】 加油站
- 🇰🇷 【チュ ユ ソ】 주유소

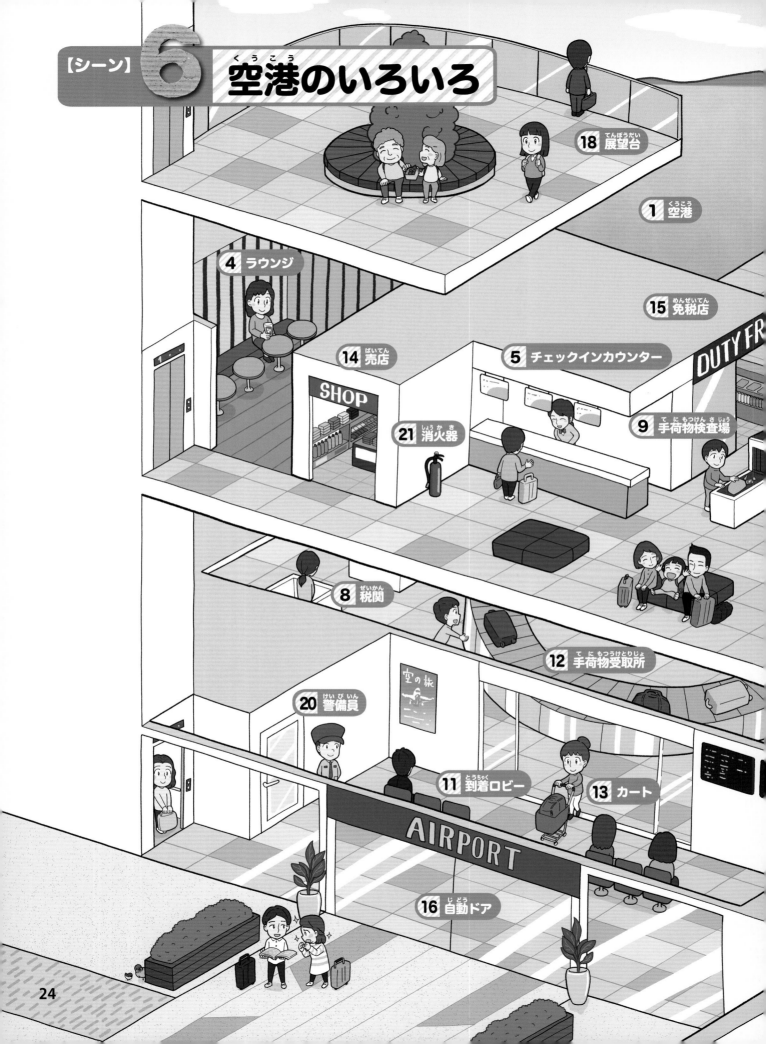

【シーン】 6 空港のいろいろ

18 展望台
1 空港
4 ラウンジ
15 免税店
14 売店
5 チェックインカウンター
DUTY FR
21 消火器
9 手荷物検査場
SHOP
8 税関
12 手荷物受取所
20 警備員
空の旅
11 到着ロビー
13 カート
16 自動ドア
AIRPORT

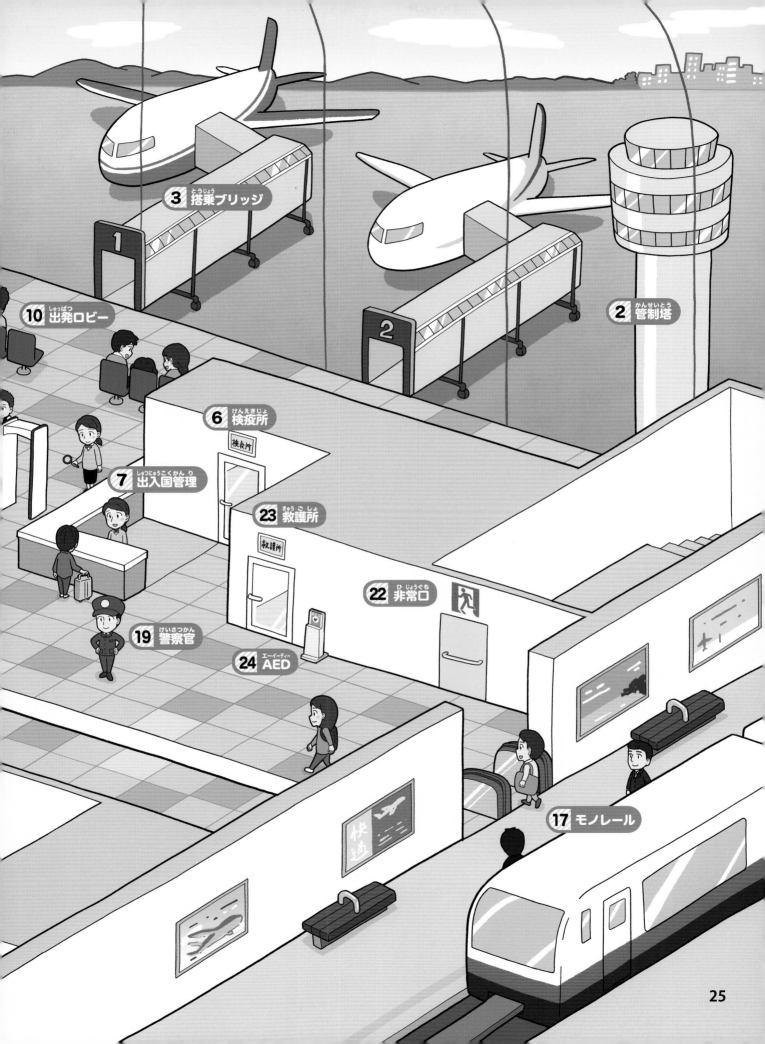

3 搭乗ブリッジ

10 出発ロビー

2 管制塔

6 検疫所

検疫所

7 出入国管理

23 救護所

救護所

22 非常口

19 警察官

24 AED

17 モノレール

快速

シーン 6 空港のいろいろ（くうこう）

1. 空港（くうこう）
- 【エアポート】airport
- 【アエロポール】aéroport
- 【アエロプエルト】aeropuerto
- 【ジー チャン】机场
- 【コン ハン】공항

2. 管制塔（かんせいとう）
- 【コントゥロウル タウア】control tower
- 【トゥール ドゥ コントゥロール】tour de contrôle
- 【トレ デ コントゥロル】torre de control
- 【ジー フイ ター】指挥塔
- 【クァン ジェ タプ】관제탑

3. 搭乗ブリッジ（とうじょう）
- 【ボーディング ブリッジ】boarding bridge
- 【パスレル ダンバルクモン】paserelle d'embarquement
- 【プエンテ デ エンバルケ】puente de embarque
- 【ドン ジー チアオ】登机桥
- 【ボディン ブリジ】보딩브리지

4. ラウンジ
- 【ラウンジ】lounge
- 【サル ダタント】salle d'attente
- 【サロン】salón
- 【シウ シー シー】休息室
- 【ラ ウン ジ】라운지

5. チェックインカウンター
- 【チェック イン カウンタァ】check-in counter
- 【アンロジストレマン】enregistrement
- 【モストゥラドル デ ファクトゥラスィオン】mostrador de facturación
- 【ドン ジー グイ タイ】登机柜台
- 【チェクイン カウント】체크인 카운터

6. 検疫所（けんえきじょ）
- 【クウォランティーン ステイション】quarantine station
- 【コントロール サニテール】contrôle sanitaire
- 【エスタスィオン デ クワレンテナ】estación de cuarentena
- 【ジエン イー ジャン】检疫站
- 【コ ミョク ソ】검역소

7. 出入国管理（しゅつにゅうこくかんり）
- 【イミグレイション コントゥロウル】immigration control
- 【コントゥロール ドゥ リミグラスィオン】contrôle de l'immigration
- 【コントゥロル デ インミグラスィオン】control de inmigración
- 【チュー ルー ジン グワン リー】出入境管理
- 【チュ リップ クク クァル リ】출입국관리

8. 税関（ぜいかん）
- 【カスタムズ】customs
- 【ドワーヌ】douane
- 【アドゥワナ】aduana
- 【ハイ グワン】海关
- 【セ グァン】세관

9. 手荷物検査場（てにもつけんさじょう）
- 【スィキュアリティ チェック】security check
- 【ゾーヌ ダンスペクスィオン デ バガージュ】zone d'inspection des bagages
- 【コントゥロル デ セグリダ】control de seguridad
- 【シン リー ジエン チャー チュー】行李检查区
- 【スハムル コム サジャン】수하물 검사장

10. 出発ロビー（しゅっぱつ）
- 【ディパーチァ ラウンジ】departure lounge
- 【オール ドゥ デパール】hall de départ
- 【サロン デ サリダ】salón de salida
- 【チュー ファー ダー ティン】出发大厅
- 【チュル バル ジャン】출발장

11. 到着ロビー（とうちゃく）
- 【アライヴァル ラウンジ】arrival lounge
- 【オール ダリヴェ】hall d'arrivée
- 【サロン デ イェガダ】salón de llegada
- 【ダオ ダー ダー ティン】到达大厅
- 【ト チャク ジャン】도착장

12. 手荷物受取所（てにもつうけとりじょ）
- 【バゲジ クレイム エリア】baggage claim area
- 【ゾーヌ ドゥ ルトレ デ バガージュ】zone de retrait des bagages
- 【レティロ デ エキパヘス】retiro de equipajes
- 【シン リー リン チュー チュー】行李领取处
- 【スハムル チャン ヌンゴッ】수하물 찾는 곳

13. カート

- 【カート】 cart
- 【シャリオ】 chariot
- 【カロ】 carro
- 【ショウ トゥイ チョー】 手推车
- 【カトゥ】 카트

14. 売店

- 【ショップ】 shop
- 【キオスク】 kiosque
- 【ティエンダ】 tienda
- 【シアオ マイ ブー】 小卖部
- 【メ ジョム】 매점

15. 免税店

- 【デューティ フリー ショップ】 duty free shop
- 【ブウティーク オール タクス】 boutique hors taxes
- 【リブレスデインプエストス】 libres de impuestos
- 【ミエン シュイ ディエン】 免税店
- 【ミョン セジョム】 면세점

16. 自動ドア

- 【オートマティック ドア】 automatic door
- 【ポルト オトマティーク】 porte automatique
- 【プエルタ アウトマティカ】 puerta automática
- 【ズードン メン】 自动门
- 【チャ ドン ムン】 자동문

17. モノレール

- 【モノウレイル】 monorail
- 【モノラーユ】 monorail
- 【モノリエル】 monorriel
- 【ダン グイ リエ チョー】 单轨列车
- 【モノレイル】 모노레일

18. 展望台

- 【オブザヴェイション デック】 observation deck
- 【オブセルヴァトワール】 observatoire
- 【オブセルバトリオ】 observatorio
- 【グワン ジン タイ】 观景台
- 【チョン マン デ】 전망대

19. 警察官

- 【ポリース オフィサァ】 police officer
- 【ポリスィエ】 policier
- 【ポリスィア】 policía
- 【ジン チャー】 警察
- 【キョン チャル グァン】 경찰관

20. 警備員

- 【スィキュアリティ ガード】 security guard
- 【アジャン ドゥ セキュリテ】 agent de sécurité
- 【グワルディア デ セグリダ】 guardia de seguridad
- 【バオ アン ユエン】 保安员
- 【キョン ビ ウォン】 경비원

21. 消火器

- 【ファイア イクスティングウィシャ】 fire extinguisher
- 【エクスタンクテール】 extincteur
- 【エクスティンギドル デインセンディオス】 extinguidor de incendios
- 【ミエ フオ チイ】 灭火器
- 【ソ ファ ギ】 소화기

22. 非常口

- 【イマージェンスィ エグズィト】 emergency exit
- 【ソルティー ドゥ スクール】 sortie de secours
- 【サリダ デ エメルヘンスィア】 salida de emergencia
- 【ジン ジー チュー コウ】 紧急出口
- 【ビ サン グ】 비상구

23. 救護所

- 【ファースト エイド ステイション】 first aid station
- 【プルミエール スクール】 premiers secours
- 【プリメロス アウクスィリオス】 primeros auxilios
- 【ジウ フー ジャン】 救护站
- 【ク ホ ソ】 구호소

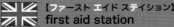

24. AED

- 【エイ イー ディー】 AED
- 【デフィブリアトゥール アウデ】 defibrillateur AED
- 【デア】 DEA
- 【ズードンティーワイチューチャンチー】 自动体外除颤器
- 【エイ イ ディ】 AED

4 車両進入禁止 (しゃりょうしんにゅうきんし)

23 国道 (こくどう)

国道 1 ROUTE

16 バス専用レーン (せんよう)

専用

21 高齢者マーク (こうれいしゃ)

14 右折禁止 (うせつきんし)

3 駐停車禁止 (ちゅうていしゃきんし)

6 徐行 (じょこう)

徐行

12 自動車専用(道路) (じどうしゃせんよう どうろ)

15 左折禁止 (させつきんし)

13 一方通行 (いっぽうつうこう)

2 駐車禁止 (ちゅうしゃきんし)

19 踏切あり (ふみきり)

29

1. 転回禁止（てんかいきんし）※

🇬🇧	【ノゥ ユー ターン】 no U-turn
🇫🇷	【アンテルディクスィオン ドゥ フェール ドゥミトゥール】 interdiction de faire demi-tour
🇪🇸	【プロイビド ダル ラ ブエルタ】 prohibido dar la vuelta
🇨🇳	【ジン ジー ディアオ トウ】 禁止掉头
🇰🇷	【ユ トン グム ジ】 유턴 금지

※「Uターン禁止（きんし）」ともいいます。

2. 駐車禁止（ちゅうしゃきんし）

🇬🇧	【ノゥ パーキング】 no parking
🇫🇷	【スタスィオヌマン アンテルディ】 stationnement interdit
🇪🇸	【プロイビド アパルカル】 prohibido aparcar
🇨🇳	【ジン ジー ボー チョー】 禁止泊车
🇰🇷	【チュ チャ クム ジ グ ヨク】 주차금지구역

3. 駐停車禁止（ちゅうていしゃきんし）

🇬🇧	【ノゥ スタンディング】 no standing
🇫🇷	【アレ エ スタスィオヌマン アンテルディ】 arrêt et stationnement interdits
🇪🇸	【プロイビド パラル】 prohibido parar
🇨🇳	【ジン ジー ティン チョー】 禁止停车
🇰🇷	【チュ ジョン チャク クム ジ グ ヨク】 주정차금지구역

4. 車両進入禁止（しゃりょうしんにゅうきんし）

🇬🇧	【ノゥ エントゥリィ】 no entry
🇫🇷	【アクセ アンテルディ オー ヴェイキュル ア モートゥール】 accès interdit aux véhicules à moteur
🇪🇸	【コントゥラ マノ】 contramano
🇨🇳	【ジン ジー シー ルー】 禁止驶入
🇰🇷	【チャ リャン チ ニプ クム ジ】 차량진입금지

5. 最高速度（さいこうそくど）

🇬🇧	【スピード リミト】 speed limit
🇫🇷	【リミタスィオン ドゥ ヴィテス】 limitation de vitesse
🇪🇸	【リミテ デ ベロスィダ】 límite de velocidad
🇨🇳	【チョー スー シエン ジー】 车速限制
🇰🇷	【チェ ゴ ソク ト】 최고속도

6. 徐行（じょこう）

🇬🇧	【スロゥ ダウン】 slow down
🇫🇷	【ゾーン ア ヴィテス リミテ】 zone à vitesse limitée
🇪🇸	【レドゥスィル ラ ベロスィダ】 reducir la velocidad
🇨🇳	【マン シン】 慢行
🇰🇷	【ソ ヘン】 서행

7. 高さ制限（せいげん）

🇬🇧	【ハイト リミト】 height limit
🇫🇷	【リミタスィオン ドゥ オトゥール】 limitation de hauteur
🇪🇸	【リミテ デ アルトゥラ】 límite de altura
🇨🇳	【シエン ジー ガオ ドゥー】 限制高度
🇰🇷	【ジェ ハン ノ ピ】 제한높이

8. 動物に注意（どうぶつにちゅうい）※

🇬🇧	【ビウェア オヴ アニマルズ】 beware of animals
🇫🇷	【パサージュ ダニモー ソヴァージュ】 passage d'animaux sauvages
🇪🇸	【クイダド コン ロス アニマレス】 cuidado con los animales
🇨🇳	【ジュー イー イエ ション ドン ウー】 注意野生动物
🇰🇷	【ヤ セン トン ムル ジュイ】 야생동물주의

※正式（せいしき）には「動物（どうぶつ）の飛（と）び出（だ）す恐（おそ）れあり」といいます。

9. 学校あり（がっこう）※

🇬🇧	【スクール ゾウン】 school zone
🇫🇷	【ゾーヌ スコレール】 zone scolaire
🇪🇸	【ソナ エスコラル】 zona escolar
🇨🇳	【チエン ファン シュエ シオ ジエン スー マン シン】 前方学校减速慢行
🇰🇷	【オ リ ニ ボ ホ ク ヨク】 어린이보호구역

※正式（せいしき）には「学校（がっこう）、ようちえん、保育所（ほいくしょ）などあり」といいます。

10. 警笛鳴らせ（けいてきならせ）

🇬🇧	【サウンド ホーン】 sound horn
🇫🇷	【ユティリザスィオン ドゥ クラクソン オブリガトゥール】 utilisation de klaxson obligatoire
🇪🇸	【アガ ソナル ラ ボスィナ】 haga sonar la bocina
🇨🇳	【ミン ディー】 鸣笛
🇰🇷	【キョン ウム キ サ ヨン】 경음기사용

11. 駐車可（ちゅうしゃか）

🇬🇧	【パーキング プレイス】 parking place
🇫🇷	【プラス ドゥ スタスィオヌマン】 place de stationnement
🇪🇸	【ペルミティド エスタスィオナル】 permitido estacionar
🇨🇳	【ティン チョー チュー】 停车区
🇰🇷	【チュ チャ ク ヨク】 주차구역

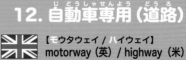

12. 自動車専用（道路）（じどうしゃせんよう・どうろ）

🇬🇧	【モウタウェイ／ハイウェイ】 motorway（英）／highway（米）
🇫🇷	【ルートゥ プール オートモビル】 route pour automobile
🇪🇸	【アウトビア】 autovía
🇨🇳	【チー チョー ジュワン ヨン ダオ ルー】 汽车专用道路
🇰🇷	【チャ ドン チャ ジョ ニョン ド ロ】 자동차전용도로

13. 一方通行（いっぽうつうこう）

- 🇬🇧 【ワン ウェイ】 one way
- 🇫🇷 【ソンス アンテルディ】 sens interdit
- 🇪🇸 【カイエ デ ウン センティド】 calle de un sentido
- 🇨🇳 【ダン シン ルー】 单行路
- 🇰🇷 【イル バン トン ヘン】 일방통행

14. 右折禁止（うせつきんし）※

- 🇬🇧 【ノウ ライト ターン】 no right turn
- 🇫🇷 【アンテルディクスィオンドゥトゥルネア ドロワトゥ】 interdiction de tourner à droite
- 🇪🇸 【ノ ヒラル ア ラ デレチャ】 no girar a la derecha
- 🇨🇳 【ジン ジー ヨウ ジュワン】 禁止右转
- 🇰🇷 【ウ フェ ジョン クム ジ】 우회전금지

※正式には「指定方向外進行禁止」という標識の一つです。

15. 左折禁止（させつきんし）※

- 🇬🇧 【ノウ レフト ターン】 no left turn
- 🇫🇷 【アンテルディ ドゥ トゥルネ ア ゴーシュ】 interdit de trouner à gauche
- 🇪🇸 【ノ ヒラル ア ラ イスキエルダ】 no girar a la izquierda
- 🇨🇳 【ジン ジー ズオ ジュワン】 禁止左转
- 🇰🇷 【チャ フェ ジョン クム ジ】 좌회전금지

※正式には「指定方向外進行禁止」という標識の一つです。

16. バス専用レーン（せんよう）※

- 🇬🇧 【バス レイン】 bus lane
- 🇫🇷 【ヴワ レゼルヴェ オー ビュス】 voie réservée aux bus
- 🇪🇸 【カリル デ アウトブス】 carril de autobús
- 🇨🇳 【ゴン ジアオ ジュワン ヨン ダオ】 公交专用道
- 🇰🇷 【ボスチョ ニョン チャ ロ】 버스전용차로

※正式には「専用通行帯」という標識の一つです。

17. 追い越し禁止（おいこしきんし）※

- 🇬🇧 【ノウ オウヴァテイキング ゾウン】 no overtaking zone
- 🇫🇷 【アンテルディクスィオン ドゥ デパセ】 Interdiction de dépasser
- 🇪🇸 【プロイビド アデランタル】 prohibido adelantar
- 🇨🇳 【ジン ジー チャオ チョー】 禁止超车
- 🇰🇷 【チュ ウォル クム ジグ ガン】 추월금지구간

※正式には「追い越しのための右側部分はみ出し通行禁止」といいます。

18. 待避所（たいひじょ）

- 🇬🇧 【パスィング プレイス】 passing place
- 🇫🇷 【アンプラスマン ダレ デュルジャンス】 emplacement d'arrêt d'urgence
- 🇪🇸 【ルガル デ パソ】 lugar de paso
- 🇨🇳 【ジン ジー ティン チョー ダイ】 紧急停车带
- 🇰🇷 【テ ピソ】 대피소

19. 踏切あり（ふみきり）

- 🇬🇧 【レイルロウド クロスィング アヘッド】 railroad crossing ahead
- 🇫🇷 【パサージュ ア ニヴォー】 passage à niveau
- 🇪🇸 【アデランテ アイ パソ ア ニベル】 adelante hay paso a nivel
- 🇨🇳 【ティエ ルー ダオ コウ】 铁路道口
- 🇰🇷 【チョル キル コン ノル モク】 철길 건널목

20. 初心者マーク（しょしんしゃ）※

- 🇬🇧 【ニューリィ ライセンスト ドゥライヴァ サイン】 newly licensed driver sign
- 🇫🇷 【ジュンヌ コンデュクトゥール】 jeune conducteur
- 🇪🇸 【マルカ デ プリンスィピアンテ】 marca de principiante
- 🇨🇳 【シン ショウ ジア シー ビアオ ジー】 新手驾驶标志
- 🇰🇷 【チョ ボ ウン ジョン ジャ ピョジ】 초보 운전자 표지

※正式には「初心運転者標識」といいます。

21. 高齢者マーク（こうれいしゃ）※

- 🇬🇧 【エルダリィ ドゥライヴァ サイン】 elderly driver sign
- 🇫🇷 【ペルソヌ アージェ】 personne âgée
- 🇪🇸 【マルカ デ ペルソナ マヨル】 marca de persona mayor
- 🇨🇳 【ガオ リン ジア シービアオ ジー】 高龄驾驶标志
- 🇰🇷 【コ リョン ウン ジョン ジャ ピョジ】 고령 운전자 표지

※正式には「高齢運転者標識」といいます。

22. 止まれ（とまれ）※

- 🇬🇧 【ストップ】 stop
- 🇫🇷 【ストップ】 stop
- 🇪🇸 【パラル】 parar
- 🇨🇳 【ティン ジー】 停止
- 🇰🇷 【チョン ジ】 정지

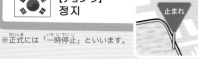

※正式には「一時停止」といいます。

23. 国道（こくどう）

- 🇬🇧 【ナショナル ロウド】 national road
- 🇫🇷 【ルート ナスィオナル】 route nationale
- 🇪🇸 【ルタ ナスィオナル】 ruta nacional
- 🇨🇳 【グオ ダオ】 国道
- 🇰🇷 【ク クト】 국도

24. 地方道（ちほうどう）※

- 🇬🇧 【リージョナル ロウド】 regional road
- 🇫🇷 【ルタ デパルトモンタル】 route départementale
- 🇪🇸 【ルタ レヒオナル】 ruta regional
- 🇨🇳 【ジー シエン ゴン ルー】 支线公路
- 🇰🇷 【チ バン ド】 지방도

※正式には「都道府県道番号」といいます。

18 魚市場（うおいちば）

13 クレーン

24 灯台（とうだい）

23 貝がら

19 養殖（ようしょく）

17 漁網（ぎょもう）

16 漁船（ぎょせん）

15 漁師（りょうし）

14 漁港（ぎょこう）

9 錨（いかり）

8 鎖（くさり）

4 タグボート

1 港（みなと）

3 貨物船（かもつせん）

33

1. 港 （みなと）

🇬🇧	【ポート】 port
🇫🇷	【ポール】 port
🇪🇸	【プエルト】 puerto
🇨🇳	【ガン】 港
🇰🇷	【ハング】 항구

2. 客船 （きゃくせん）

🇬🇧	【パセンジァ シップ】 passenger ship
🇫🇷	【パクボ】 paquebot
🇪🇸	【ブケ デ パサヘロス】 buque de pasajeros
🇨🇳	【コー チュワン】 客船
🇰🇷	【ヨ ゲクソン】 여객선

3. 貨物船 （かもつせん）

🇬🇧	【カーゴウ シップ】 cargo ship
🇫🇷	【カルゴー】 cargo
🇪🇸	【ブケ デ カルガ】 buque de carga
🇨🇳	【フオ チュワン】 货船
🇰🇷	【ファ ムル ソン】 화물선

4. タグボート

🇬🇧	【タグボウト】 tugboat
🇫🇷	【ルモルケール】 remorqueur
🇪🇸	【ブケ デ レモルケ】 buque de remolque
🇨🇳	【トゥオ チュワン】 拖船
🇰🇷	【イェ イン ソン】 예인선

5. 遊覧船 （ゆうらんせん）

🇬🇧	【サイトスィーイング ボウト】 sightseeing boat
🇫🇷	【バトー ドゥ プレザンス】 bateau de plaisance
🇪🇸	【バルコ デ レクレオ】 barco de recreo
🇨🇳	【ヨウ チュワン】 游船
🇰🇷	【ユ ラム ソン】 유람선

6. 係船柱 （けいせんちゅう）

🇬🇧	【ムアリング ポウスト】 mooring post
🇫🇷	【ビットゥ ダマラージュ】 bitte d'amarrage
🇪🇸	【プエスト デ アマレ】 puesto de amarre
🇨🇳	【ラン ジュワン】 缆桩
🇰🇷	【ケ ソン ジュ】 계선주

7. ロープ

🇬🇧	【ロウプ】 rope
🇫🇷	【コルド】 corde
🇪🇸	【ソガ】 soga
🇨🇳	【ション ズー】 绳子
🇰🇷	【パッ チュル】 밧줄

8. 鎖 （くさり）

🇬🇧	【チェイン】 chain
🇫🇷	【シェーヌ】 chaîne
🇪🇸	【カデナ】 cadena
🇨🇳	【ティエ リエン】 铁链
🇰🇷	【サ スル】 사슬

9. 錨 （いかり）

🇬🇧	【アンカァ】 anchor
🇫🇷	【アンクル】 ancre
🇪🇸	【アンクラ】 ancla
🇨🇳	【マオ】 锚
🇰🇷	【タッ】 닻

10. ターミナル

🇬🇧	【ターミヌル】 terminal
🇫🇷	【テルミナル】 terminal
🇪🇸	【テルミナル】 terminal
🇨🇳	【コー ユン マー トウ】 客运码头
🇰🇷	【トミノル】 터미널

11. 桟橋 （さんばし）

🇬🇧	【ピア】 pier
🇫🇷	【ジュテ】 jetée
🇪🇸	【ムエイェ】 muelle
🇨🇳	【マートウ】 码头
🇰🇷	【プ ドゥ】 부두

12. タラップ

🇬🇧	【ギャングウェイ】 gangway
🇫🇷	【パスレール】 passerelle
🇪🇸	【パサレラ】 pasarela
🇨🇳	【シエン ティー】 舷梯
🇰🇷	【トゥ レプ】 트랩

13. クレーン

【クレイン】
crane

【グリュー】
grue

【グルア】
grúa

【チージョンジー】
起重机

【キジュンギ】
기중기

14. 漁港 (ぎょこう)

【フィッシングポート】
fishing port

【ポールドゥペーシュ】
port de pêche

【プエルトペスケロ】
puerto pesquero

【ユーガン】
漁港

【オハン】
어항

15. 漁師 (りょうし)

【フィシャマン】
fisherman

【ペシュール】
pêcheur

【ペスカドル】
pescador

【ユーフー】
漁夫

【オブ】
어부

16. 漁船 (ぎょせん)

【フィッシングボウト】
fishing boat

【バトードゥペーシュ】
bateau de pêche

【バルカデペスカ】
barca de pesca

【ユーチュワン】
漁船

【オソン】
어선

17. 漁網 (ぎょもう)

【フィッシングネット】
fishing net

【フィレドゥペーシュ】
filet de pêche

【レッツデペスカ】
red de pesca

【ユーワン】
渔网

【オマン】
어망

18. 魚市場 (うおいちば)

【フィッシマーケット】
fish market

【マルシェオーポワソン】
marché aux poissons

【メルカドデペスカド】
mercado de pescado

【ユーシー】
鱼市

【オシジャン】
어시장

19. 養殖 (ようしょく)

【アクワカルチャ】
aquaculture

【アクアキュルテュール】
aquaculture

【アクイクルトゥラ】
acuicultura

【ヤンジー】
养殖

【ヤンシク】
양식

20. カキ

【オイスタァ】
oyster

【ユイートゥル】
huître

【オストゥラ】
ostra

【ムーリー】
牡蛎

【クル】
굴

21. 海産物売り場 (かいさんぶつうりば)

【スィーフードセクション】
seafood section

【ポワソヌリー】
poissonnerie

【セクスィオンデマリスコス】
sección de mariscos

【ハイシエングイタイ】
海鲜柜台

【ヘサンムルパヌンゴッ】
해산물 파는 곳

22. 干物 (ひもの)

【ドゥライドフィッシ】
dried fish

【プワソンセシュ】
poisson séché

【ペスカドセコ】
pescado seco

【ガンフォ】
干货

【コノムル】
건어물

23. 貝がら

【スィーシェル】
seashell

【コキヤージュ】
coquillage

【コンチャマリナ】
concha marina

【ベイコー】
贝壳

【チョガビ】
조가비

24. 灯台 (とうだい)

【ライトゥハウス】
lighthouse

【ファール】
phare

【ファロ】
faro

【ドンター】
灯塔

【トゥンデ】
등대

外国人向けのいろいろな標識

1. コンビニ / スーパーマーケット
【コンヴィーニェンスストア / スーパーマーケト】
convenience store / supermarket

【スュペレットゥ / スュペルマルシェ】
supérette / supermarché

【ティエンダ / スペルメルカド】
tienda / supermercado

【ビエン リー ディエン / チャオ シー】
便利店 / 超市

【ピョニジョム / シュポマケッ】
편의점 / 슈퍼마켓

2. ショッピングセンター / 百貨店
【ショピング センター / ディパートゥメント ストー】
shopping center / department store

【サントル コメルスィアル / グラン マガザン】
centre commercial / grand magasin

【セントゥロ コメルスィアル / ティエンダ ポル デパルタメントス】
centro commercial / tienda por departamentos

【ゴウ ウー ジョン シン / バイ フオ ディエン】
购物中心 / 百货店

【ショピンセント / ベッカジョム】
쇼핑센터 / 백화점

3. 銀行 /ATM
【バンク / エイ ティー エム】
bank / ATM

【バンク / ディストリビュトゥール デ ビイエ】
banque / distributer des billets

【バンコ / カヘロ アウトマティコ】
banco / cajero automático

【イン ハン / ズードン チュー クワン ジー】
银行 / 自动取款机

【ウネン / エイ ティー エム】
은행 / ATM

4. レストラン
【レストラント】
restaurant

【レストラン】
restaurant

【レスタウランテ】
restaurante

【ツァン ティン】
餐厅

【レス トラン】
레스토랑

5. トイレ
【トイレト】
toilet

【トワレート】
toilettes

【バニョ】
baño

【シー ショウ ジエン】
洗手间

【ファ ジャン シル】
화장실

6. 鉄道駅
【トゥレイン ステイション】
train station

【ガール】
gare

【エスタスィオン デ トゥレン】
estación de tren

【フオ チョー ジャン】
火车站

【チョル ット ヨク】
철도역

7. 温泉
【ホット スプリング】
hot spring

【バン テルマル】
bain thermale

【アグワス テルマレス】
aguas termales

【ウェン チュエン】
温泉

【オン チョン】
온천

8. 神社
【シライン】
shrine

【サンクチュエール】
sanctuaire

【テンプロ スィントイスタ】
templo sintoísta

【シェン ショー】
神社

【シン サ】
신사

9. 博物館
【ミューズィアム】
museum

【ミュゼ】
musée

【ムセオ】
museo

【ボー ウー グワン】
博物馆

【パン ムル グァン】
박물관

10. キリスト教会
【クライスト チャーチ】
Christ church

【エグリーズ】
église

【イグレスィア】
iglesia

【ジー ドゥー ジアオ タン】
基督教堂

【キドッ キョ フェ】
기독교회

11. 交番
【ポリース ボクス】
police box

【ポスト ドゥ ポリス】
poste de police

【カハ デ ポリスィア】
caja de policía

【パイ チュー スオ】
派出所

【パチュルソ】
파출소

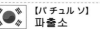

12. 郵便局
【ポウスト オフィス】
post office

【ビュロー ドゥ ポスト】
bureau de poste

【オフィスィナ デ コレオス】
oficina de correos

【ヨウ ジュー】
邮局

【ウ チェ グク】
우체국

13. 病院（びょういん）

 【ホスピトゥル】
hospital

 【オピタル】
hôpital

 【オスピタル】
hospital

 【イー ユエン】
医院

 【ピョン ウォン】
병원

14. ホテル

 【ホウテル】
hotel

 【オテル】
hôtel

 【オテル】
hotel

 【ジウ ディエン】
酒店

 【ホ テル】
호텔

15. 空港（くうこう）/ 飛行場（ひこうじょう）

 【エアポート / エアロドゥロウム】
airport / aerodrome

 【アエロポール / アエロドゥロム】
aéroport / aérodrome

 【アエロプエルト / アエロドゥロモ】
aeropuerto / aeródromo

 【ジー チャン / フェイ ジー チャン】
机场 / 飞机场

 【コン ハン / ピ ヘン ジャン】
공항 / 비행장

16. 観光案内所（かんこうあんないじょ）

 【トゥアリスト インフォメイション センタァ】
tourist information center

 【オフィス デュ トゥーリズム】
office du tourisme

 【インフォルマスィオン トゥリスティカ】
información turística

 【リュー ヨウ ウェン シュン チュー】
旅游问讯处

 【クァン グァン アンネソ】
관광안내소

17. 広域避難場所（こういきひなんばしょ）

 【エマージェンスィ アセンブリィ エリア】
emergency assembly area

 【レフュジュ トンポレール デバキュアスィオン】
refuge temporaire d'évacuation

 【アレア デ レフヒオ デ エメルヘンスィア】
área de refugio de emergencia

 【グゥン ユー ビー ナン チャン スオ】
广域避难场所

【クァン ヨク テ ピ ジャン ソ】
광역대피장소

18. 津波避難場所（つなみひなんばしょ）

 【ツナミ イヴァキュエイション エリア】
tsunami evacuation area

 【ゾーヌ デヴァキュアスィオン ツナミ】
zone d'évacuation tsunami

 【アレア デ エバクワスィオン デル ツナミ】
área de evacuación del tsunami

 【ハイ シアオ ビー ナン チャン スオ】
海啸避难场所

 【ヘ イル テ ピ ジャン ソ】
해일대피장소

19. 津波避難ビル（つなみひなん）

 【ツナミ イヴァキュエイション ビルディング】
tsunami evacuation building

 【レフュジュ ツナミ】
refuge tsunami

 【エディフィスィオ デ エヴァクワスィオン デ ツナミ】
edificio de evacuación de tsunami

 【ハイ シアオ ビー ナン ロウ】
海啸避难楼

【ヘ イル テ ピ ビル ディン】
해일대피빌딩

20. 津波注意（つなみちゅうい）

 【ツナミ ウォーニング】
tsunami warning

 【アレールト ツナミ】
alerte tsunami

 【クウィダド コン エル ツナミ】
cuidado con el tsunami

 【ジュー イー ハイ シアオ】
注意海啸

 【ヘ イル ジュイ】
해일주의

21. 洪水注意（こうずいちゅうい）

 【フラッド ウォーニング】
flood warning

 【アレールト イノンダスィオン】
alerte inondation

【クウィダド コン ラ イヌンダスィオン】
cuidado con la inundación

【ジュー イー ホン シュイ】
注意洪水

【ホン スジュイ】
홍수주의

22. 遊泳禁止（ゆうえいきんし）

 【ノウ スウィミング】
no swimming

 【ベニャード アンテルディ】
baignade interdite

 【プロイビド ナダル】
prohibido nadar

【ジン ジー ヨウ ヨン】
禁止遊泳

【ス ヨン グム ジ】
수영금지

23. 撮影禁止（さつえいきんし）

 【ノウ フォトグラフィ】
no photography

 【フォトグラフィ アンテルディ】
photographie interdite

【プロイビド サカル フォトス】
prohibido sacar fotos

【ジン ジー パイ ジャオ】
禁止拍照

 【チュァ リョン グム ジ】
촬영금지

24. フラッシュ禁止（きんし）

 【ノウ フラッシ】
no flash

【フラッシュ アンテルディ】
flash interdit

 【プロイビド ウサル フラッシュ】
prohibido usar flash

【ジン ジー シャン グアンドン】
禁止闪光灯

 【プル レ シ グム ジ】
플래시금지

出典／国土地理院「外国人向け地図記号」・JIS 案内用図記号

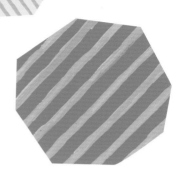

●監修
英語　SAMUEL ZHANG
フランス語　IIDA TOMONO
スペイン語　森野カロリナ
中国語　許銀珠・SAMUEL ZHANG
韓国語　許銀珠

●構成
こどもの語学編集室
グループ・コロンブス

●翻訳
有限会社ルーベック・野田みちる

●イラスト
じゅーぱち

●装丁・デザイン
千野　愛

5か国語でおもてなし
【交通・施設編】

発行者　　内田克幸
編　集　　池田菜採　吉田明彦
発行所　　株式会社理論社
　　　　　〒101-0062　東京都千代田区神田駿河台2-5
　　　　　電話　営業 03-6264-8890　編集 03-6264-8891
　　　　　URL　https://www.rironsha.com

2020年8月初版
2020年8月第1刷発行

印刷・製本　　図書印刷株式会社　　上製加工本

©2020 Rironsha　　Printed in Japan
ISBN 978-4-652-20376-7　NDC800 A4変型　30cm 39p

この本では、英語についてはアメリカ英語を含むインターナショナル英語で表記されています。また、スペイン語については、本国と中南米では違う単語が使われていることがあります。

「家族」や「体の部分」を表すことば

わたし（は）
- 【アイ】 I
- 【ジュ】 je
- 【ヨ】 yo
- 【ウォ】 我
- 【ナ／チョ】 나 / 저

父
- 【ファーザァ】 father
- 【ペール】 père
- 【パドゥレ】 padre
- 【フーチン】 父亲
- 【アボジ】 아버지

母
- 【マザァ】 mother
- 【メール】 mère
- 【マドゥレ】 madre
- 【ムーチン】 母亲
- 【オモニ】 어머니

兄・弟
- 【ブラザァ】 brother
- 【フレール】 frère
- 【エルマノ】 hermano
- 【ゴーゴー ディーディー】 哥哥（兄）弟弟（弟）
- 【ヒョン／オッパ（兄）ナムドンセン（弟）】 형/오빠(兄)남동생(弟)

姉・妹
- 【スィスタァ】 sister
- 【スール】 sœur
- 【エルマナ】 hermana
- 【ジエ ジエ メイ メイ】 姐姐（姉）妹妹（妹）
- 【ヌナ／オンニ（姉）ヨドンセン（妹）】 누나 / 언니(姉)여동생(妹)

友達
- 【フレンド】 friend
- 【アミ／アミ】 ami（男性）amie（女性）
- 【アミゴ／アミガ】 amigo（男性）amiga（女性）
- 【ポンヨウ】 朋友
- 【チング】 친구

耳
- 【イア】 ear
- 【オレーユ】 oreille
- 【オレハ】 oreja
- 【アル】 耳
- 【クィ】 귀

目
- 【アイ】 eye
- 【ウーユ】 œil
- 【オホ】 ojo
- 【イエン】 眼
- 【ヌン】 눈

顔
- 【フェイス】 face
- 【ヴィザージュ】 visage
- 【カラ】 cara
- 【リエン】 脸
- 【オルグル】 얼굴

手（手首から先）
- 【ハンド】 hand
- 【マン】 main
- 【マノ】 mano
- 【ショウ】 手
- 【ソン】 손

頭
- 【ヘッド】 head
- 【テートゥ】 tête
- 【カベッサ】 cabeza
- 【トウ】 头
- 【モリ】 머리

足（足首から上）
- 【レッグ】 leg
- 【ジャンブ】 jambe
- 【ピエルナ】 pierna
- 【トゥイ】 腿
- 【タリ】 다리

口
- 【マウス】 mouth
- 【ブーシュ】 bouche
- 【ボカ】 boca
- 【コウ】 口
- 【イブ】 입

鼻
- 【ノウズ】 nose
- 【ネ】 nez
- 【ナリス】 nariz
- 【ビー】 鼻
- 【コ】 코

肩
- 【ショウルダァ】 shoulder
- 【エポール】 épaule
- 【オンブロ】 hombro
- 【ジエン】 肩
- 【オケ】 어깨

歯
- 【ティース】 teeth
- 【ダン】 dents
- 【ディエンテス】 dientes
- 【ヤー】 牙
- 【イ】 이

「季節」や「時間」を表すことば

春
- 【スプリング】 spring
- 【プランタン】 printemps
- 【プリマベラ】 primavera
- 【チュン ティエン】 春天
- 【ポム】 봄

夏
- 【サマァ】 summer
- 【エテ】 été
- 【ヴェラノ】 verano
- 【シア ティエン】 夏天
- 【ヨルム】 여름

秋
- 【オータム / フォール】 autumn / fall
- 【オトーヌ】 automne
- 【オトニョ】 otoño
- 【チウ ティエン】 秋天
- 【カ ウル】 가을

冬
- 【ウィンタァ】 winter
- 【イヴェール】 hiver
- 【インビエルノ】 invierno
- 【ドン ティエン】 冬天
- 【キョ ウル】 겨울

1月
- 【ジャニュエリィ】 January
- 【ジャンヴィエ】 janvier
- 【エネロ】 enero
- 【イー ユエ】 一月
- 【イ ロォル】 일월

2月
- 【フェブルエリィ】 February
- 【フェヴリエ】 février
- 【フェブレロ】 febrero
- 【アル ユエ】 二月
- 【イ ウォル】 이월

3月
- 【マーチ】 March
- 【マルス】 mars
- 【マルソ】 marzo
- 【サン ユエ】 三月
- 【サ ムォル】 삼월

4月
- 【エイプリル】 April
- 【アヴリル】 avril
- 【アブリル】 abril
- 【スー ユエ】 四月
- 【サ ウォル】 사월

5月
- 【メイ】 May
- 【メ】 mai
- 【マヨ】 mayo
- 【ウー ユエ】 五月
- 【オ ウォル】 오월

6月
- 【ジューン】 June
- 【ジュアン】 juin
- 【フニオ】 junio
- 【リウ ユエ】 六月
- 【ユ ウォル】 유월

7月
- 【ジュライ】 July
- 【ジュイエ】 juillet
- 【フリオ】 julio
- 【チー ユエ】 七月
- 【チ ロォル】 칠월

8月
- 【オーガスト】 August
- 【オート】 août
- 【アゴスト】 agosto
- 【バー ユエ】 八月
- 【パ ロォル】 팔월

9月
- 【セプテンバァ】 September
- 【セプタンブル】 septembre
- 【セプティエンブレ】 septiembre
- 【ジウ ユエ】 九月
- 【ク ウォル】 구월

10月
- 【オクトウバァ】 October
- 【オクトーブル】 octobre
- 【オクトゥブレ】 octubre
- 【シー ユエ】 十月
- 【シ ウォル】 시월

11月
- 【ノウヴェンバァ】 November
- 【ノーヴァンブル】 novembre
- 【ノビエンブレ】 noviembre
- 【シー イー ユエ】 十一月
- 【シ ビ ロォル】 십일월

12月
- 【ディセンバァ】 December
- 【デッサンブル】 décembre
- 【ディスィエンブレ】 diciembre
- 【シー アル ユエ】 十二月
- 【シ ビ ウォル】 십이월